JAZZ PARA RINOCERONTES

Jazz para rinocerontes

Paulo Monteiro

MOINHOS

Edição:
Camila Araujo & Nathan Matos

Revisão:
LiteraturaBr Editorial

Diagramação e Projeto Gráfico:
LiteraturaBr Editorial

Ilustração da Capa & Capa:
Lily Oliveira

1ª edição, Belo Horizonte, 2017.

Nesta edição, respeitou-se o novo
Acordo Ortográfico da Língua Portuguesa.

M772j
Monteiro, Paulo | Jazz para rinocerontes
ISBN 978-85-92579-17-3
CDD 869.91
Índices para catálogo sistemático
1. Poesia 2. Poesia Brasileira I. Título

Belo Horizonte:
Editora Moinhos
2017 | 58 p.

editoramoinhos.com.br
editoramoinhos@gmail.com

Imagem Borrada

imagem de Deus borrada no espelho
[do posto de gasolina
olhos que bailam nas luzes fracas da estrada
escuridão que abraça os seres na noite
meus dedos congelados não escrevem em francês
o que ainda posso fazer é delirar nas teclas
vê-las envelhecer pelo desgaste
vê-las tocar uma canção
enquanto o poema é escrito.

Luso – cacofônico em oitava

o espectro azul atravessa a parede
prisão de virgens telepatas
psico-hackers não captaram a mensagem

King Mob viagem astral
na França com cheiro de cu

debates anarco-monarquistas
[na pista de minhas orelhas
falácias entregues ao povo faminto
seres invisíveis 365 vezes

servo da cacofonia
beijando a bunda de Ginsberg

nos carrinhos de supermercado
os cartões de crédito estão cheio de cocaína.

Assim Seja

ciclones formam-se na tua íris
contornando ilusões com sangue
pensamentos acelerados
entre os dentes vermes

caos dominando os dedos
meteoro dando o rabo na Santa Casa
de olhos fechados geme de prazer
grita para socar mais forte
escrevendo o poema com gozo e sífilis

e ilusões atravessam as ruas
tropeçando nos pés que dançam samba na sexta
nos pés do aqui e do agora
numa suruba
que já não domina mais o pensar

apenas vai fazendo sem rumo
matando pedestres, cabeças de pensamento capital
metralhadora do pau de Deus
amém.

Amanda Feilding no sábado

delírios secretos desenhados com sangue
na parede branca onde havia planos para o futuro
dedos de Amanda Feilding pós-trepanação
furadeira furando meus sonhos
bisturi que corta as camadas de realidade
preciso aliviar a pressão da cabeça
preciso aliviar a pressão acima do olho esquerdo
o buraco no crânio deixa as alucinações escaparem
rompendo o silencio.

Anoitecer

concreto e dor alicerçam meus passos
jovens bombas esperam um amor
faculdades castram pensamentos

garoto com bolhas de sabão nos dedos
come pipoca de frustrações
do velho sonhador.

sino badala: já são 18:00 horas
anjos avermelham os olhos nas escadas
e guardam dores matinais em seus bolsos.

Fome do cão

abro minha boca
arranco todos os meus dentes com um alicate
o sangue escorre em profusão

Satanás domina meu corpo
possessões diárias
poemas escritos em transe

exorcismo não adianta
sinto fome de estados alterados.

O ciclo

a besta comerá suas cabeças podres
seus miolos com vermes
tudo isso oferecerá à besta mãe
ela não se contenta só com suor
quer sangue também
irá purificar o espaço em que vive
assim cantará aquela velha canção
aquela há muito tempo esquecida
se fará em mil pedaços
nascerá como poesia
cuspiremos ela das nossas bocas
em um ciclo infinito
na vida profana.

Acidez pop do meu último homem

meditação alucinada até de manhã
poemas obscenos declamados
[por poetas não acomodados
uivos para Dionísio

penetração em corpos divinos
cabeças flutuam em mares da atualidade

o ponto fora da curva tem teu nome
nos falos da felicidade a marca da tua boca
grita alto chamando o nome do teu amado

numa visão do amanhã queimado por ácido
estende bandeiras de vitória
em louvor ao teu ser.

dança, puta louca
com teus filhos acéfalos ao redor
recheados de sentimentos Frankenstein
mija na prosa do escritor universitário
que bate punheta no campus estéreis
beija e amaldiçoa teus poetas
que dormem em delírios
escrevendo haicais tortos
nas estrelas
e descansam suas loucuras
na sarjeta.

Menino Torto

bençãos são derramadas
signos de tua irmã desaparecida
abraçada por serpentes

mil olhos de tua face ensanguentada
cacos de vidro te cortaram dançando
[uma música russa
a escuridão dos teus cabelos está indo embora
e no espelho observa a testa enrugar.

Ordem aleatória caótica

personal jesus no cu de beatas
dancei com fogo nas pálpebras
queimando minha ilusão
masturbação anal *enjoy the silence*
dedos quimeras mil faces do irreal
espírito em lençóis de motel barato
mais três tiros para a overdose apocalíptica
buraco no céu da boca
secreção alucinógena
pomba-gira da urbe negra na noite
esfregando o pau purulento na boca dos moralistas
na árvore, deus, pátria e família
acredito em pessoas possuídas
seres sem medo da confusão mental.

olhos mortos de anjos sodomitas
pálpebras arrancadas de virgens angelicais
bocas abocanhadas de destinos
dentes com sonhos nos buracos
minha cabeça gira ferozmente
minha mente não para
então as mãos se cruzam
e o rio corre.

bolhas skylab no céu da tua boca
tua irmã pomba gira elétrica
tecno paganismo no berço do retrógrado
Adão agora é metal
Eva placa-mãe dos humanos
componentes conectados aos crânios
que conectam vários ângulos
do teu olho de rainha cega
que vendeu a coroa ao exu tranca rua
magia eletrônica dança em pulsos
suave choque do tempo.

Olhos da serpente

figuras penduradas
no tempo
copos quebrados pela loucura
dedos amputados
guardados no congelador
amanhã tentarei costurá-los
minha fome aumenta
o tempo não aguenta mais as figuras penduradas
enquanto os anjos ainda pulam de prédios
e cabeças são perdidas em reuniões
na sexta-feira santa
fazendo sombra na calçada
onde moças caminham
com suas mãos engessadas
ainda há inocência
nos olhos da serpente.

Reflexo

meu reflexo no espelho
é um azul sem vida
imagem pálida falecida
sem graça

na fotografia
do álbum de família
mostro meus dentes amarelos
apenas para dizer que sou feliz.

Reserva gotas de alucinação

sensores em peles enrugadas
saltos suicidas no asfalto quente
balanço o corpo na beira do caos

anjos masturbam-se alegremente

arrombamento das portas do teu olho nu
silêncio em meio à orquestra de buzinas

a cidade é quente
minha cabeça é quente
meus pés ardem

ainda guardo as gotas de alucinações
para dissipar a realidade
quando eu estiver cansado.

Besta Santa da noite

olhos avermelhados
de mil cóleras bestiais
que fez tua mãe
abortar teu irmão mais novo

bamba em ladeiras escuras
de mais uma noite

grita bem alto que
o melhor poeta da cidade morreu
chora lágrimas cor de luto

chega em casa durante o amanhecer
para encontrar descanso
em braços de anjo.

Redenção

canções tristes de crianças mortas
são tocadas nas bocas de poetas
de forma desafinada e suja
enquanto faço bolhas de orações
e solto balões para Deus me enxergar
me guardo na caixa de sapato da minha existência
pregado – pés e mãos – como Cristo Rock Star
vendo Judas balançando enforcado
com o peso da culpa
30 moedas de pratas para pagar minha redenção.

Pisando no fio da navalha

agente do caos com a carteira vencida
enfiada nos bolsos de falsas lembranças
roendo o concreto com dentes sujos

o falo falando língua estranha
meninos correm para o abusador
os barbudos falam de comunismo e sujam-se
nas saladas capitalistas de uma lanchonete fuleira

fico remoendo palavras
observando as alucinações voarem
pelos buracos ocos das cabeças

e os olhos da caixa
me convidam para o deserto suicida.

Sete demônios da solidão

sete demônios quebram copos em minha casa
penetram meus pensamentos
entidades que não conheço

sete demônios correm em minha casa
pisam no meu peito enquanto durmo
mastigam meus dedos

sete demônios gritam em minha casa
mandam-me escrever suas palavras
e todas viram poemas.

Quando resolvi fugir

troquei meu sangue, por uma droga qualquer
algo que aliviasse minha vida
comprei ácido para corroer minha pele
expondo minha carne viva, até o osso
organizei todas as cartas amareladas
passei o dedo na tinta fresca da parede
desenhei meu demônio com cabeça de boi
escutei as vozes e deixei-me levar
até que fui preso por olhos com mãos
resolvi fugir
morri no meio do caminho
com uma flecha na testa.

corpos estendidos em agonias
faixas binárias
reflexos vampiros

dedos amputados em esteiras
fetos em rios sujos
casas com pernas de pau

carros vomitam suas fumaças
sufocam o homem
deixando-o como indigente.

Bill

uma bala te penetrou a cabeça
enquanto brincávamos de Guilherme Tell.
a fumaça acompanhava os pensamentos
que abandonaram teu corpo.

teus olhos mortos diziam adeus.

Flores artificiais

desenterrei todos os meus medos
logo após o café.
quis enfrentá-los um a um.
decidi não ser mais covarde,
um cão que foge no primeiro grito.
joguei todas as flores artificiais pela janela.
queria vida no vaso.
uma flor verdadeira,
para vê-la morrer lentamente,
e assim lembrar todos os dias
que não sou eterno.
e o que deixarei para esse mundo
são rascunhos
folhas e mais folhas com meus versos.

Divino

sementes plantadas na tua testa
expansão do terceiro olho para profecias dadaístas
loucura gritada na rua
dedos e olhos que flutuam nas praças
o profeta dança nu na palma de Deus
crucificado por heresia
queimado por obscenidade
nos fones de ouvido interferência psíquica
voz de Piva aeroplano
psicografia digital do terceiro milênio
razão escorre nas axilas sujas
na voz da cobra poeta
em teu caderno de anotação
a luz azul das últimas palavras.

Meus dentes

cuspi todos os meus dentes
[em uma manhã de sábado
assim que acordei senti o peso em minha boca
cuspi todos os dentes aos pés de minha mãe
que assustada orou
[ao ver aquelas pedras brancas no chão
tentei juntá-los e colocá-los em seus lugares,
mas os buracos já haviam fechado.

mergulho minha mão
em um mar de cacos de vidros
sinto o vidro rasgar minha pele

camadas são cortadas
da palma da minha mão
os cacos passam a ter uma tonalidade vermelha

mergulho cada vez mais profundo
até sentir minh'alma rasgar.

Poema asfalto

palavras
são
cuspidas
para
escrever
poesias
dadaístas
no
asfalto
quente.

Erros nas rachaduras

o tempo leva meus fios de cabelos
e ainda são oito horas da manhã
no rádio escuto o ruído reclamando do calor matinal
olho no espelho quebrado
e meus erros são refletidos nas rachaduras
não oro já faz algum tempo
até esqueci de como cruzar as mãos.

Última Santa Ceia

rostos tímidos percorrem corredores escuros
vivos, mas trêmulos pelo medo constante
com dores nos peitos cobertos de palha
onde bate um terremoto de alta periculosidade
balanços que descem aos dedos sólidos de
amores deixados para trás
num vão iluminado por olhos de anjos desgraçados
compartilhando a última santa ceia.

Dores amargas de um bar

tua beleza foi deixada na esquina
onde teu amante te socou
e te deixou jogada no chão
escrevendo dores nas estrelas

os esgotos observaram tua humilhação
vomitaram flores podres
em luto a tua dor.

Versos

meus versos são gritos que ecoam numa sala escura
meus versos são falsas profecias
meus versos são cânticos para o demônio pessoal
linguagem de espíritos atormentados
meus versos são maldições hereditárias
sorriso de uma mãe louca
[tomando choques no hospício
carta de suicídio nunca lida
o tiro de um drogado na cabeça da mulher amada.

Barcos no peito

noites em claros
escrevendo prosas sobre coxas
[de putas luminárias
de esquinas escuras
querendo ser tocado por deusbestafera
com suas presas capturadoras de sonhos
noites em que meninos-anjos ao relento
dormem na paz divina de alguma santidade
tenho um peito agitado nas horas
[de silêncio no meu quarto
meu peito tem barcos com hora certa
[para naufragar.

Pico

O primeiro pico foi na veia errada da minha namorada, erramos e o braço teve que ser amputado, levei o braço para casa e pendurei na parede ao lado da língua da minha mãe. Minha testa enrugou na hora, estava ficando velho para isso, assim como minha boca estava fechando para cigarros. Falei algumas palavras numa língua morta, tipo uma oração, para meu cachorro que estava doente nesse dia.

Quase passageiro

ontem
eu
morri
e
deus
não
havia
passado.

Demônio por dentro

filho bastardo de Kafka com o crânio esmagado
por bestas florescentes,
britadeiras suadas dão ritmo ao trip-hop,
olhos de amores nas praças,
rascunhos desenhados no céu
o demônio por dentro ainda dorme
um sono doente
tenho medo de acordá-lo.

Visões do fim da tarde

eu vi os seres do fim da tarde
cadáveres automáticos programados
anjos solitários que masturbam-se constantemente
réus que escaparão no dia do juízo
e não tomarão a cólera de Deus
vi minha mãe gritar meu nome, sua boca seca
vi Deus jogar dominó com Nero
cercado por meninos
pequenas catitas do caos
pequenos frascos de perfume
que darão um bom cheiro numa cama divina
eu vi meus dedos caírem enquanto escrevo essa visão
eu vi minha alma quebrar os espelhos.

Pai cego morto

plantou palavras
no olho cego do pai,
floresceram prosas surrealistas
que logo cresceram e tomaram o corpo todo
o pai morto agora tinha vida.

Cortes 29

navalhas enferrujadas cortam os pulsos das
últimas lembranças de 1929
a menina por quem me apaixonei morreu de
tuberculose em um campo de concentração
seu irmão carrega um cavalo nas costas
e chora durante a noite
deixando o gosto amargo de lembranças na língua
agora o espectro derruba as panelas da minha mãe
tocando *Horses* para o velho cego
deixando as unhas sujas de memórias
com os dentes caindo e furando o chão
num peito cheio de caos
que desagua na sarjeta.

&

sadomasoquista futurista em conserva
visão do futuro de gozo eterno
Sade em carreiras de cocaína

catitas dedos zombeteiros
sensações que alegram meu mamilo

e tu dizia: dirija com o nariz sangrando
o rumo da tua prosa não é solida

pisando no peito feito com lonas e cordas
casa do coração acelerado
epopeia de pensamentos enegrecidos

meus heróis sucumbiram à rotina
olhos fechados
enquanto não amanheceu.

Todos poetas merecem o inferno

meteoros explodirão
na boca de poetas
no dia da cólera
de Deus.

os que escreveram
versos em seus cadernos
que rasgaram a pele
deixaram suas almas expostas.

esses serão
condenados no dia do juízo.

no inferno há um lugar reservado para poetas.

Chovia jazz quando minha cabeça parou de rodar

olhos vermelhos oito milímetros
de moscas com saias
sobrevoam
meu coração de carne morta
num quarto branco
de sonhos desenhados e cantos xamânicos
em uma cama feita de boca de dragões
e no chão há pregos
feitos para furarem
amores carnais de pés vacilantes
Miles Davis toca uma canção
e minha cabeça estoura
pássaros voam no quarto
todos saíram de minha cabeça.

Até

julgamento nos olhos cinzas
elefantes carnívoros na *belle époque*
encarno Deus

lobos uivam para lua transparente
a orelha de Van Gogh estava no meu café

apodreço em vinhos fuleiros
tomando ácido em cápsulas
até às 15:00.

Amores amputados

o som seco da tua voz gritando amores
pelas ruas quentes de Manaus
chora esquecimentos da quarta-feira de cinzas
teu amor morrerá em breve nos teus doces delírios
com tuas fantasias criadas para uma noite.

Descanso em sol maior

filmes de kung-fu no sábado à tarde
fitas vhs presas no vídeo cassete de sete cabeças
tiros de Clint Eastwood

teu olhar de urso protetor
que quer descansar
depois de um dia de luta

os erros que cometeu
espera não repeti-los
segue combatendo os demônios interiores
no que ainda resta de vida.

Tudo que é sólido

fermenta nos olhos transparentes
explosões dos cosmos da alma
titãs que queriam poesias
tem o caos no peito
barcos naufragam na palma da mão
esperanças o vento arrasta nas construções
e tudo que é solido vira uma grande bosta no final.

Da cegueira a morte

ergueram-se estátuas diante dos meus binóculos
não enxerguei mais nada desde aquela manhã
as flores do jardim da minha casa morreram
meu cão vira-lata morreu
eu ainda continuo caminhando em tristeza
com as mãos calejadas
e algumas promessas na memória
meu primo morreu asfixiado com um osso de frango
todos choraram sua morte prematura
dizendo que ele era um bom menino
mas sei que quando eu morrer
darão graças a Deus
e me entregarão ao Diabo.

Orquestra

orquestra do caos
toca no silêncio da minha mente
decretam o fim da sanidade
e nas ruas de verão há quizumba
olhos flamejantes queimam poetas neófitos
palavras são kamikazes de delírios
ratos passeiam nas calçadas do meu crânio
promessas de tradição kafkiana
dedos que correm em teclas de plástico
digitam testamentos falsos
digitam mentiras
a sanidade se foi há muito tempo.

Este livro foi composto Adobe Garamond Pro, enquanto Thelonius Monk acalmava o mundo e os rinocerontes com seu *Monk's Dream*, em dezembro de 2016, para a Editora Moinhos.